Werner Klose
Ici Mayence

Werner Klose

Ici Mayence

Junge Liebe zu
einer alten Stadt

Mit Zeichnungen von
Harald Bukor

v. HASE & KOEHLER

2. Auflage
© Copyright 1986 by v. Hase & Koehler Verlag, Mainz
Alle Rechte vorbehalten
Gesamtherstellung: Süddeutsche Verlagsanstalt, Ludwigsburg
Printed in Germany · ISBN 3–7758–1107–9

VORWORT

Über Mainz ist schon viel geschrieben worden, Gutes und Unnötiges, Schwärmerisches und Kritisches, über die guten und über die schlechten Zeiten.
Als Flüchtling aus Schlesien habe ich jedoch den Versuch gemacht, an dem Beispiel Mainz – ähnliche Erfahrungen wird es aus Hamburg, Nürnberg oder München auch zu berichten geben –, zu zeigen, wie man eine neue Heimat gewinnen kann, wie man mit einer Stadt verwächst und wie man lernt, sie zu lieben. Es soll kein Buch sein, das nur von Mainz berichtet, sondern es soll ein deutsches Nachkriegsschicksal erzählen. Kaputte, übervölkerte Städte, die als zusätzliche Last Flüchtlinge aufnehmen mußten und zerlumpte Vertriebene, die kein Zuhause hatten.
Es soll zeigen, wie sie zueinander fanden und zusammenwuchsen – zerstörte Städte und vertriebene Menschen.

Im November 1946 stampfte durch Rheinhessen ein schmutziges Züglein, links die im Winde plaudernden Rebstöcke, rechts der mit seinen Wellen spielende Vater Rhein, gen Mainz. Die Waggons des Zuges wiesen noch alle Blessuren des vergangenen Krieges auf.
Nach dem Bahnhof Mainz-Süd kündigte die altersschwache Lokomotive mit einem fast krächzenden Ton die Einfahrt in den Tunnelabschnitt an. Die Fahrgäste, die diese unbequeme Reise angetreten hatten, dachten wohl alle an ihre Wünsche und Hoffnungen, die sie nach Mainz trugen.
Einer von ihnen, ein junger blasser Mann mit Nickelbrille, war schon von Hamburg bis Tübingen und von Marburg bis Bonn gereist, um eine Universität zu finden, an der er sein Medizinstudium fortsetzen konnte.
In dem während der Fahrt durch den Tunnel fast völlig dunklen Abteil kam die Erinnerung an die eben erst beendete Gefangenschaft in Rußland.
Er mußte an die Rückreise durch Schlesien, das vor dem Kriege seine Heimat gewesen war, denken. Noch einmal spürte er den Stich, den er bei dem polnischen Stationsschild »Wroclaw« am Breslauer Bahnhof empfunden hatte. Als der Ruf des Schaffners am Mainzer Hauptbahnhof »Ici Mayence« ihn aufweckte, stimmte es ihn nicht fröhlicher.
Vom Bahnhofsvorplatz aus – der Himmel über Mainz war an diesem Tag so grau wie die Trümmer der

Stadt – konnte man bis zum Dom durchsehen: alles zerbombt.

Da stand ich nun, dieser suchende Student, in meinem alten, zerschlissenen Uniformrock, der von einem einzigen Knopf zusammengehalten wurde, und wollte da bleiben.

Ich hatte den Eindruck, Mainz und ich, wir paßten zusammen. Bei objektiver Betrachtung, nach allen Erfahrungen aus vielen Universitätsstädten, hatte ich dünner Hungerleider, ein ganz Fremder, der keinen Menschen hier kannte, wohl kaum eine Chance, immatrikuliert zu werden.

Dann saß ich – noch ein Flüchtling mehr in dieser zerstörten und übervölkerten Stadt – auf den Trümmern des Liebfrauenplatzes und bestaunte den nur wenig beschädigten Dom.

Eine Frau kramte im Vorübergehen in ihrer Einkaufstasche und drückte mir einen handtellergroßen, runden Käse in die Hand. Ohne daß ich es wollte, tropfte eine Träne auf den Käse. Schön wäre es, hier zuhause zu sein. Aber...

Was ist Heimat?

Der mittelalterliche Kaisertrutz in Görlitz in Schlesien, der Gickel auf dem tausendjährigen Dom zu Mainz, der versponnene Oberlausitzer Mystiker Jakob Böhme, der volkstümliche rheinhessische Bischof Ketteler, der schlesische Streuselkuchen oder dieser Määnzer Handkäs?

Drei Tage später hatte ich in Mainz ein Zimmer und war an der wiedereröffneten Johannes-Gutenberg-Universität als cand. med. immatrikuliert.

Wie dieses Wunder zustande kam, weiß ich bis heute nicht zu erklären. Entweder hat mir die Liebe zu den ganz Armen des Mainzer Bischofs Ketteler oder die Parapsychologie des schlesischen Mystikers Böhme geholfen.

Die Franzosen hatten 1797 im »Departement du mont tonnerre« (Donnersberg) die Universität geschlossen, als das linke Rheinufer französische Provinz geworden war. 1946 waren es dann wiederum die Franzosen, die die Universität in einer Flak-Kaserne neueröffneten.

Ein auch ohne die erheblichen Bombenschäden schon völlig überaltertes städtisches Krankenhaus wurde zur Universitätsklinik erhoben.

Das erste Semester, das in dieser medizinischen Fakultät gelesen wurde, erlebte ich mit!

Die Wunder wurden fast zur Alltäglichkeit. Welch klangvolle international bekannte Namen standen nun im Vorlesungsverzeichnis. *Pathologie:* Klinge, *Haut:* Keining, *Innere:* Voit, *Histologie:* Watzka. Watzka, einst der letzte deutsche Dekan der medizinischen Fakultät der ersten deutschsprachigen Universität, der Karls-Universität in Prag.

Professor Watzka war dürrer, aber nicht kleiner geworden. Seine Arme schienen jetzt noch länger und seine Füße noch größer. Als er seine einmaligen oberen Extremitäten um mich schlang, mit seinem gewaltigen rechten Fuß auf meinem zerschlissenen linken Schuh stand und mich an sich drückte und sagte »Herr Kollege, unsere Feste in Prag«, da fühlte ich mich zum ersten Mal an dieser Universität geborgen.

Hundert Jahre hatte Mainz keine Universität.
Nur ein Institut der alten Mainzer Universität bestand während dieser Zeit fort, bis es 1946 mit der Johannes-Gutenberg-Universität vereinigt wurde: »Das Accouchement«.
Neben Sömmering, dem wohl berühmtesten Gelehrten der kurfürstlichen Universität, war Johann Peter Weidmann der Bedeutendste.
Mir scheint es fast unverständlich, daß bei der Mainzer Liebe zum Feiern, die Zweihundertjahrfeier des Accouchements vergessen worden ist.
1784 wurde in der kurfürstlichen Residenzstadt Mainz im Altmünsterkloster eine Schule der Entbindungskunst unter Professor Weidmann errichtet.
Das Accouchement, später die Hebammen-Lehranstalt, zwischenzeitlich von Professor Wehefritz geleitet, ist zu einer berühmten Mainzer Einrichtung geworden und die Geburtsstätte vieler Mainzer.
Nun teilte das alte Accouchement das Schicksal der neuen Universität, in den Trümmern zu leben und fast aus dem Nichts neu zu gestalten.

1946 kamen zu all dem vorhandenen Elend auch noch die Studenten. Verkommene Landsknechtstypen, Phantasten, ungebundene, junge Wirrköpfe, die ausgerechnet hier einen neuen Lebensstil probieren wollten, die nur an ihr Examen dachten, um sich eine Basis für ein neues Leben zu schaffen.
Sie brauchten Buden und Kneipen, sie hatten kein Geld, aber sie konnten zugreifen.
Sie waren keine erträumten Schwiegersöhne, aber sie liebten die Mädchen.
Sie hatten verschlissene Kleider, aber helle Köpfe.
Hundert Jahre war Mainz Provinz. Nun war die Zeit des Neuanfangs gekommen.
Noch trauerten die Bürger in ihren zerstörten Häusern, die Gläubigen vor ihren verbrannten Kirchen und die Händler auf den verschütteten Straßen.
Da trafen sie sich, die jungen Fremden, die ausgerechnet hier ihre Ideen und Wünsche in Leben umsetzen wollten und die ausgebombten Bewohner, die nicht nur an Wiederaufbau sondern an Neugestaltung dachten.
Da hockten sie zusammen, zum Beispiel bei der Rosel im Beichtstuhl, holten die Flaschen selbst aus dem Keller und schmierten die Brote in der Küche, weil die Rosel, sie hatte schon unzählige Berufe hinter sich, keine Kellnerin und keine normale Wirtin sondern eine Integrationsfigur war.
Wer ihr nicht paßte, flog raus.
Wer eine Kerze ohne ihre Genehmigung ansteckte,

mußte gehen. Wer krakeelte, saß auf der Straße, der guten alten Kapuzinerstraße.
Hier verschmolzen die Ideen der jungen Fremden, der alten Mainzer, der Armen oder der Verarmten, mit denen der noch leidlich Wohlhabenden. Hier und in ähnlichen Kneipen wurde das neue Volk von Mainz geschaffen.
Mein Zimmer war in der Görzstiftung zwischen Friedhof und Klinik. Pappe anstelle der Fensterscheiben, aber ein Dach über dem Kopf. Kein Ofen, aber eine Wolldecke. Kein Schrank, aber zwei Stühle und dazu ein Sack Kartoffeln und eine Flasche Öl.
Mir ging es schon viel besser als dem alten Mainz. Aber die Stadt holte auf.

Im Stadttheater, auch durch Bomben zerstört, war die ehemalige Kantine noch funktionsfähig. Das einzige für Studenten gelegentlich bezahlbare Gericht in dem dort installierten Lokal war eine Salat-Gemüseplatte: Rote Rüben garniert mit einer Scheibe Tomate, zwei Bohnen und drei Erbsen und dazu, wenn man Glück hatte, ein Glas Wein.
An Schauspiel- oder Opernaufführungen war in diesem Hause noch für lange Zeit nicht zu denken. Aber in Mainz gab es schon wieder ein Theater: Im Pulverturm, einem im oberen, nicht ganz so zerstörten Bereich der Stadt gelegenen Gebäude, war ein Saal mit Bühne erhalten geblieben. Primitiv, ohne Atmo-

sphäre, ohne Technik mit zwei Scheinwerfern und nicht einem Heizkörper. Mäntel, Jacken und Pullover sorgten für Wärme.

Das Wort – wieder im Mittelpunkt – ersetzte fehlende Technik und Ausstattung; Programmhefte gab es nicht.

Nach Erklingen eines blechernen Gongs wickelte sich zu Beginn der Vorstellung der Chefdramaturg, Dr. Karl Schramm, aus dem Vorhang. Wenn er, von dem Strahl einer der leicht summenden Scheinwerfer beleuchtet, vor dem Auditorium – dort war kein alltägliches Publikum – stand und lächelnd die Hand zur Begrüßung hob, dann strömte ein Urtheatergeist über die Rampe. Karl Schramm muß ein Vetter der Musen gewesen sein.

Er erklärte das Stück, plauderte über Regie und Schauspieler, ja er zauberte eine Atmosphäre, wie ich sie weder in einem herrlichen alten Theater noch in einem technisch vollkommenen neuen Haus wiedergefunden habe.

Die Schauspieler, deren Gagen genauso lächerlich wie die Eintrittspreise waren, ließen uns Zuschauer ihr Glück, endlich wieder auf den Brettern zu stehen, mitempfinden.

Unvergessene Theaterabende.

Nun versuchte ich, von Mainz eine leise Ahnung zu bekommen. Was weiß ein Fremder schon von dieser Stadt?

Fast jeder Besucher erinnert sich, daß Mainz von den Römern gegründet worden ist, ein frühchristlicher Bischofssitz war und daß Bonifatius die Stadt zum Erzbistum erhoben hat. Seit dem Mittelalter waren die Bischöfe Reichserzkanzler und später Kurfürsten.

Von den Römern findet man auf den ersten Blick nicht viel. Die Reste einer Wasserleitung, im Gelände der Zitadelle, den Drususstein und die Jupitersäule.

Aber unter der Erde, da wird die römische Vergangenheit lebendig. Wenn man gräbt, findet man nicht immer einen Augustuskopf oder ganze Schiffe. Unter meinem Haus fand ich eine Menge Scherben und einen leidlich erhaltenen Krug.

Im Römisch-Germanischen Zentralmuseum mit der Steinhalle, dem ehemaligen Reitstall der Kurfürsten und im Mittelrheinischen Landesmuseum sind die meisten Ausgrabungsfunde von Mainz aufbewahrt und zu bewundern.

Das Mittelalter begegnet einem fast überall, aber am schönsten im Mainzer Dom, der noch heute seine tausendjährige Geschichte erzählt.

Natürlich denkt in dieser Stadt jeder Fremde an Gutenberg. Gutenberg, der Erfinder der Druckkunst, gibt einer Apotheke, einer Buchhandlung, einem Platz, einem Gymnasium, einem Museum, einem Lehrstuhl und jetzt sogar der Universität den Namen – aber vergeblich habe ich sein Geburtshaus oder sein Grab gesucht. Nicht einmal sein Geburtsdatum steht fest.

Aber an der einen Seite des Gutenbergplatzes mündet die Fuststraße – Gutenberg verlor seine Werkstatt nach einem Prozeß an Fust. An der anderen Seite des Gutenbergplatzes beginnt die Schöfferstraße – die Nachkommen des Peter Schöffer, des Schönschreibers Gutenbergs, hatten zwei Generationen lang versucht, die Erfindung der Buchdruckkunst an den Namen ihres Vorfahren zu binden.
Welch Zartgefühl der einstigen Stadtväter!
In Mainz soll man *leben,* nicht große Taten vollführen.

Eines Tages bestaunten wir, einige Mainzer und viele Studenten, im Mainzer Hauptbahnhof einen Zug, der aus sauberen, gepflegten Waggons sogar mit einem Erste-Klasse-Abteil bestand und dessen sämtliche Fenster neu verglast waren.
Leider fuhr dieser Zug nicht wie vorgesehen nach Worms, sondern nach Frankreich, denn unserer Besatzungsmacht ging es zu Hause auch nicht viel besser als uns, und so konnten sie alles Reparierte gut gebrauchen. Wir blieben deshalb noch längere Zeit bei ungepflegten Waggons mit Pappfenstern.
Nach diesem Erlebnis trottete ich etwas traurig zu meinem Zimmer und stellte staunend fest, daß in meinem Bett ein Franzose lag. Ein netter Kerl, dem die Sache offensichtlich peinlich war und der mir erklärte, daß die Wohnung – »très triste pour vous« – beschlagnahmt worden sei. Der Hauptmieter war als

Nazi eingestuft und der Untermieter – »c' est moi« – war keine Rechtsperson.

Der Transport meiner Habseligkeiten stellte keine große Belastung dar und so marschierte ich in die Uniklinik, die einzige Stelle, in der ich noch ein Existenzrecht behalten hatte.

Schon an Wunder gewöhnt, überraschte es mich kaum, daß ich am selben Abend wieder in einem Bett lag, das außer Trümmern der einzige heile Einrichtungsgegenstand in meinem neuen Zimmer war. Ein Kollege, der mir schon aus der Studentenzeit in Berlin und Prag bekannt war, hatte mich nach Gustavsburg mitgenommen und sein Hauswirt, Lebensmittelhändler und »Mensch«, war offenbar durch meinen schäbigen Anblick gerührt. »Wenn Du mit der Bruchbude zufrieden bist, kannst Du bleiben.« Ich blieb für zwei Jahre.

Nun lebte ich in zwei Welten.

Mein Zimmer rechtsrheinisch in der schon fast reichen amerikanischen Zone, die Uni linksrheinisch in der ärmlichen französischen Zone. Alle Rheinbrücken waren zerstört. Eine amerikanische Pontonbrücke, von der Kaiserstraße nach Mainz-Kastel, mit Militärposten auf beiden Seiten und ein primitives Holzgestell, über das Schienen gelegt waren, von Mainz-Süd nach Mainz-Gustavsburg, hielten die dürftige Verbindung aufrecht. Im Bahnhof Mainz-Gustavsburg erfolgte Paß- und Gepäckkontrolle. Der Rhein zwischen französischer und amerikanischer

Zone war damals schwerer zu überwinden als das Wasser zwischen Frankreich und Amerika.

Da jedoch Militärposten durch Papiere und viele Stempel, möglichst in fremden Sprachen, immer zu beeindrucken sind, hatte ich einen Personalausweis in Englisch (Amerikanische Zone), einen in Französisch (Französische Zone), einen Flüchtlingsausweis für die polnisch besetzten Gebiete und einen Flüchtlingsausweis für die sowjetische Besatzungszone.

Selbst mit geklauten Kohlen war so der Grenzverkehr zu bewältigen.

Fast täglich fuhr ich mit dem überfüllten Zug, oft auf dem Trittbrett stehend, über den so beruhigend dahinziehenden alten Rhein, der sauber und fast ohne Schiffe von einer Übergangsperiode murmelte.

Neben der Notbrücke standen die kläglichen Reste der Pfeiler der gesprengten Eisenbahnbrücke. Als der Wiederaufbau der zerstörten Eisenbahnbrücke begann, sahen wir Dauergäste des Notstegzuges die Brückenpfeiler langsam und stetig wachsen. Wir erwarteten eine Golden-Gate Bridge. Die Hoffnungen erfüllten sich nicht ganz. Eine massive Eisenkonstruktion, einst als Notbrücke über den Dnjepr, tief in der Ukraine vorgesehen, nicht schön aber zweckmäßig, vollendete den Brückenschlag. Die unzerstörten Brückentürme am Mainzer Ufer, Zeuge der Baukunst um die Jahrhundertwende, lächelten verlegen, da ihre patrizierhaften, barocken Formen nun in kriegerische Eisenkonstruktionen überleiteten.

Bei der ersten Fahrt über die neue Eisenbahnbrücke, die mir massiv und sicher, aber auch häßlich vorkam, trug ich meinen ersten eigenen Nachkriegsanzug, der auch nicht für mich gemacht worden war. Er war warm und zweckmäßig, aber paßte mir nicht.
Noch waren wir bescheiden, aber das Notwendigste war wieder erreicht. Wir wurden langsam ein bißchen stolz – Mainz und ich.
Mitte 1950 war auch die Straßenbrücke fertig, die mir mit ihrem herrlichen Schwung und ihrer klaren Einfachheit sofort gefallen hat.
Der Bundespräsident, Papa Heuss, der Oberbürgermeister, Vater Stein, und der rheinland-pfälzische

Landesfürst Onkel Altmeier weihten das Werk ein. Wahrhaftig ein Familienfest!

Theodor Heuss, Historiker, Liberaler und Politiker – ein Geschenk der Götter für die damals noch rechtlose und verachtete Bundesrepublik Deutschland – hielt in seinem so sympathischen Schwäbisch die geistreich-humorvolle Festrede. Da nach dem Krieg weder Kaiser- noch Hitlerwetter gefragt war, regnete es.

Franz Stein hat mir viele Jahre später ein wunderschönes Bild von diesem Tag gezeigt. Bundespräsident und Oberbürgermeister unter einem Regenschirm. Theodor und Franz freuten sich gemeinsam.

Franz Stein war in dieser Epoche des Wiedererwachens der schon fast totgeglaubten Stadt Mainz der ideale Oberbürgermeister. Er hatte die Figur des alternden Cäsar, kombiniert mit einem Kopf, der eher an Turnvater Jahn denken ließ.

Mit überwältigender Mehrheit ist er mehrmals wiedergewählt worden. Von vielen wurde er geliebt und verehrt, von anderen nicht ganz ernst genommen und belächelt.

Fama est: der Sozialdemokrat Stein sei auch von den Nonnen der Mainzer Klinik und der Altersheime gewählt worden. Als Stein Senator der Johannes-Gutenberg-Universität wurde, war gerade die neue Bibliothek fertiggestellt. Der Kommentar des Senators: »Ei was Bücher«.

Ja, die Johannes-Gutenberg-Universität!

Bei ihrer Gründung war sie wegen der nur kurzen Vorbereitungszeit und der räumlichen Enge als Frühgeburt verlacht worden. Aber schon nach kurzer Zeit zeigte sie eine erstaunliche Reife.

Die äußeren Schwierigkeiten, Räume, technische Einrichtungen und Studentenbuden, hatten sich auch nach einigen Semestern kaum verbessert, aber die inneren Verhältnisse zeigten enorme Fortschritte.

Dozenten, beflügelt, die Aufbauphase mitzugestalten, Studenten, erstaunlich viele mit Nachholbedarf verlorener Kriegsjahre und allmählich sogar die Mainzer, den Stolz erahnend, Universitätsstadt zu sein, füllten diesen bescheidenen äußeren Rahmen mit Leben, Schwung und ersten wissenschaftlichen Erfolgen.

Die unerwartet schnelle Entwicklung dieser alma mater war durch eine erstaunliche Toleranz bei der Berufung der akademischen Lehrer ermöglicht worden. Armand Mergen, später Professor der Kriminologie der Mainzer Universität, hat damals großzügige Hilfe geleistet.

Die Mainzer sahen staunend, daß ihre ersten Studenten, darunter Ausgebombte, Flüchtlinge und Heimkehrer, nun Examina ablegten und Pfarrer, Richter oder Ärzte wurden.

Mainz entwickelte sich zu einer wirklichen Universitätsstadt. Die Holzhäuser für Dozenten gehörten zu den ersten Neubauten. Die Studenten halfen ihren Vermietern, auch aus den letzten Ecken der meist beschädigten Häuser noch bewohnbare Buden zu machen. In der Altstadt wurde der Dreck, d. h. die unübersehbare Trümmermenge gemeinsam weggeräumt, die Augustinerstraße, Glanzstück der Altstadt, mauserte sich wieder zu einem Einkaufszentrum.

Jeder Fremde staunte, daß gerade diese dichtbesiedelten, zum großen Teil mit Fachwerkhäusern bebauten, engen Altstadtbezirke den Krieg, zwar mit vielen Schäden, doch unter Erhaltung der Bausubstanz überstanden hatten.

Die einfache Erklärung war einleuchtend: Die Bewohner der Altstadt, meist nicht die wohlhabendsten Bürger von Mainz, waren in der Zeit der Bomben nicht aufs Land ausgewichen oder evakuiert worden. Sie waren nach den Fliegerangriffen sofort da, um zahlreiche, durch Brandbomben verursachte Dachbrände zu löschen und erhielten so mit großen Opfern viele ihrer Häuser.

In diesen Altstadtbezirken kam mir eine Ahnung, was Mainz vor dieser sinnlosen Zerstörung gewesen sein muß. Allein die Namen Leichhof, Nasengäßchen, Boxhöfchen, Hollagäßchen, Kirschgarten, Kappelhof, Hopfengarten, Heringsbrunnen – oder Pfaffengasse, der einstige Stadtkern, die Vilsbach, regen Phantasie und Neugierde an.
Unter dem Nasengäßchen soll die Vilsbach fließen, der Kirschgarten, früher mit St. Blasiuskapelle, wurde einst vom Kirschborn durchflossen.
Mir schien der Kirschgarten ein Kleinod zu sein, gestaltet durch die zwar beschädigten aber erhaltenen Fachwerkhäuser, die zum Schwatz einladende kleine Steintreppe zur Bäckerei Steyer – heute eine Galerie – und den sich harmonisch einfügenden Brunnen.
Als ich irgendwann einmal mit meiner kleinen Tochter einen Morgenspaziergang in den Kirschgarten machte – verliebt in beide, in das kleine Mädchen und den idyllischen Platz – setzten wir uns auf einen sonnendurchwärmten Stein und genossen die Harmonie. Meine Tochter fand die Häuser so schön wie zum Spielen, aber am besten gefiel ihr der Brunnen. Als sie die Marienfigur auf seiner Spitze sah, meinte sie: »Guck mal Pappi, lieber Gott und Badewanne«.
In Mainz begegnet man dem lieben Gott eben noch auf der Straße! Als wir dann durch den schönen Torbogen ins Hollagäßchen gingen, rümpfte sie das Näschen: »Pappi, wir gehen, hier stinkt's«!

Nun entstanden in der Altstadt, vor allem in der Augustinerstraße, alte und neue Geschäfte und Lokale, in einer Zeit, als z.B. die »Große Bleiche« noch ein reines Trümmerfeld war.

Auch Seppel Glückert hatte seinen Papierladen wieder eröffnet. Er war eine Zentralfigur der Mainzer Fastnacht und lange Zeit Präsident und Protokoller des Mainzer Carneval-Vereins. Er war viel mehr als ein Büttenredner, eher ein Poet, dessen Määnzerisch sogar von Nichtmainzern zu verstehen war. In der Nazizeit hatte er in seinen Vorträgen das gerade noch Mögliche gesagt, und in der Nachkriegszeit gehörte er zu den Wiedererweckern der Mainzer Sitzungen.

Nun stand Seppel Glückert vor seinem Geschäft auf der Augustinerstraße, kannte fast jeden Einheimischen und machte manchem Studenten Mut: »Na, Bub, wirst aach noch en Määnzer«.

Ein unerreichbar scheinendes Ziel!

Wir studentischen Flüchtlinge waren beim ersten Nachkriegskatholikentag 1948 weit davon entfernt. Wir hielten die Mainzer für größenwahnsinnig, in ihren Trümmern ein volkreiches Treffen veranstalten zu wollen.

Auf der dem Dom gegenüberliegenden Seite des Marktes standen wir auf den Trümmerbergen und schauten uns dieses Schauspiel an.

Die Kulisse, der gewaltige Dom, mit den vor ihm liegenden schönen und bescheidenen Domhäusern,

beeindruckte uns alle. Die Inbrunst, mit der eine für diese Verhältnisse riesige Volksmenge an der Feier teilnahm und ihre Lieder hoch zu den Türmen des Domes wehen ließ, machte uns anfangs lästernde junge Leute still und andächtig. Ein alter Polizist versuchte, uns von den Trümmern zu vertreiben, da das Erklettern der Trümmerberge verboten war. Da wir nicht reagierten, holte er Verstärkung, und wir mußten als Abschluß der Feierlichkeiten mit auf die Polizeiwache. Der alte Wachtmeister sah sich unsere Personalausweise an: »Natürlich, Studenten!« Grimmig antwortete ich: »Natürlich, Polizisten«. Da legte der Alte seine Dienstmütze auf den Tisch, sah mich halb väterlich, halb zornig an: »Nee, Määnzer, haut' ab ihr Lausbuwe«!
Määnzer, das sind sie geblieben, die Polizisten.

Als der Autoverkehr allmählich stärker wurde, aber an Ampeln noch nicht zu denken war, da standen sie an den Kreuzungen und regelten den Verkehr.
Der liebevolle »Schorsch«, bei dem ein Kinderwagen immer Vorfahrt vor zehn Autos hatte, oder der Schutzmann »Zackig«, der mit Trillerpfeife, heiserer Stimme und mit Herz – ein klappriges Fahrrad war jedem Mercedes gleichgestellt –, dirigierte.
Einmal versuchte ich eine Kreuzung verkehrswidrig zu überqueren. Schutzmann Zackig pfiff mich zurück. Es war naßkaltes, häßliches Wetter. Der Schutzmann schimpfte mit heiserer Stimme laut und zu recht mit mir.
Bescheiden habe ich eingeworfen, daß es für ihn bei diesem Wetter auch nicht schön sei, so auf der Straße zu stehen, und er habe sich offenbar schon erkältet.
Am Ende unserer Unterhaltung schaute ich, der junge Doktor, ihm, dem alten Schutzmann auf der Straße, in den Hals, und riet ihm dringend, seinen Arzt aufzusuchen, und er verwarnte mich noch einmal mit strengem Blick, nie wieder falsch über die Kreuzung zu fahren. Dann verabschiedeten wir uns mit Handschlag und versprachen, die Ratschläge einzuhalten.

Nun knüpfte Mainz an seine Vergangenheit an. Es war wieder eine Stadt, die lebte.
Natürlich war es auch mir gelungen, in dieser Ent-

wicklung mitzuhalten. Fast so zahlreich wie die Geschäfte in der Augustinerstraße waren nun auch die Knöpfe an meinen Hemden.

Meine besten Hemden, zwei weiße, wurden reichlich gefordert, da die Universität inzwischen so formvollendet geworden war, daß zum Staatsexamen wieder ein schwarzer Anzug mit weißem Hemd erwartet wurde.

Ein Geschäftsmann, der damals einen Laden in der Augustinerstraße wiedereröffnen konnte, war sicherlich nicht glücklicher, als ein Medizinstudent, der die Approbation erlangt hatte.

Approbation und Promotion waren damals nirgends würdiger zu begießen als am Stammtisch in Wilhelmi's Weinstube.

Ein Häuschen, schmalbrüstig wie ein hungernder Fakir, mit einer Gaststube, in der gerade eine längsstehende Tischreihe auf jeder Seite unterzubringen war, rechts durch einen Kachelofen unterbrochen, und querstehend eine fast schmucklose Theke. An den Wänden hingen etwas verblichen, von Brauntönen beherrschte Bilder zechender Landsknechte und Mönche, in der linken hinteren Ecke die Bildersammlung prominenter Gäste.

Die Küche war im ersten Stock untergebracht, und die Speisen kündigten sich vor ihrem Erscheinen durch das Quietschen eines hölzernen, handbetriebenen Aufzuges an. Die Garderobe befand sich auf der Wendeltreppe und die daneben untergebrachte

Toilette war so eng, daß Gäste, die bereits Wohlstandspolster angesetzt hatten, sie kaum noch benutzen konnten.

Wilhelmi war immer überfüllt, aber man bekam immer einen Platz. Grete, die Kellnerin, mit einem etwas fleckigen Pullover, ihrer Zeit voraus ohne Büstenhalter, obwohl eine solche Stütze ihrer Figur sehr genützt hätte, sah dem alten Husarengeneral Zieten ähnlich.

Der alte Wilhelmi war natürlich auch kein normaler Gastwirt. Er hatte ein Profil, das an Friedrich den Großen im letzten Jahr des siebenjährigen Krieges erinnerte, und mit seinen lebhaften Augen und seiner gestenreichen Ausdrucksweise gehörte er zu den zahlreichen Künstlern, die ihre Erfolge hier genauso

feierten, wie sie für ihre »Durchfälle« Trost suchten. Unübertroffen war der »Spundekäs«, der mit einem herben Rheingauer die Konkurrenz mit jedem denkbaren Festessen aufnehmen konnte.

Mit Mainz ging es aufwärts, aber ein Plan für die Neugestaltung der Stadt lag noch nicht vor. Sollte man die alten Gäßchen wiedererstehen lassen oder neue Stadtviertel gestalten?

Mir ging es ganz ähnlich. Die Basis für eine Weiterbildung war erreicht, aber einen Plan für die nun notwendige Ausbildung hatte ich nicht. Sollte ich in der noch immer zerstörten Stadt Mainz bleiben, oder irgendwo eine andere Chance suchen. Schlesien gab es ja für mich nicht mehr.

So standen wir 1948 beide — Mainz und ich — zwischen Erinnerung und Erneuerung, wehmütigen Gedanken und hoffnungsvollen Ideen. An einen sinnvollen Aufbau der Stadt war noch genauso wenig zu denken, wie für mich an eine ärztliche Tätigkeit, die ihren Mann ernähren konnte.

Die Stadt mußte improvisieren, um sich nicht die Chance zu verbauen, später nach einem Gesamtplan ein neues Stadtbild zu schaffen.

Für mich blieb die Wahl zwischen Stuttgart, ein Angebot eines mir durch den Krieg bekannten Chefarztes, mit hundert Mark Monatsgehalt (ein fürstliches Salär für einen Anfänger) oder Mainz, ohne Bezahlung. Stuttgart schon fast wiederaufgebaut. Mainz kaum geräumt. Die Intuition siegte über die Vernunft: ich wurde unbezahlter Assistent der Medizinischen Klinik in Mainz.

Die Universitätskliniken Mainz – welch klangvoller Name – waren 1948 nichts weiter als das arg mitgenommene alte Städtische Krankenhaus, dessen Funktion natürlich fortgeführt werden mußte, obwohl daneben Forschung und Lehre ein bescheidenes Leben begannen.

Ein »Franzosenbau« für die Besatzung und die Umwandlung mancher Krankensäle in Hörsäle verringerte die Bettenzahl weiter.

Als junger Assistent hatte ich die risikoreiche Arbeit des Blutabnehmens zu erledigen. Ein in der Bettwäsche hinterlassener Blutfleck konnte die sonst so mütterliche Stationsschwester, eine Nonne, zu der unchristlichen Tat verführen, das Fleischstückchen beim Mittagessen zu vergessen.

Ein Kollege war von der Verwaltung als Heizer – also einer bezahlten Arbeit – angestellt worden. Wir unbezahlten Assistenten sahen diese Tätigkeit als Hochstapelei an.

Im größten Hörsaal im Bau Vier wurden Vorlesungen vieler Kliniken gehalten. Um acht Uhr Neurologie, um neun Uhr Innere Medizin, um zehn Uhr Chirurgie usw. Das einzige Vorlesungsbett stand auf Rollen, um Patienten in den Hörsaal fahren zu können. Es mußte stündlich einen anderen Patienten aufnehmen, wodurch es zum fliegenden Wechsel kam.

Für mich als Vorlesungsassistenten der Inneren war

es schlimm, wenn mein Chef den Studenten einen »Herzklappenfehler« vorstellen wollte, im Bett aber noch die »Ischiaslähmung« der Neurologie lag.
1949 wurde ich Stationsarzt der Tbc-Station. Frauen- und Männersaal lagen nebeneinander. Es war wahrhaftig ein »Zauberberg«.
Hinter dem Haus, mit alten Liegestühlen ausgestattet, die »Terrasse«, begrenzt durch eine Mauer, hinter der die Schweineställe lagen. Erst nach langem Kampf mit dem Verwaltungsdirektor, einem gelernten Fleischer, fand sich eine Möglichkeit, die Stallungen zu verlegen, damit die armen Schweine nicht von tuberkulösen Mücken belästigt werden konnten.
Zur gleichen Zeit weideten vor dem Hygienischen Institut zwei Hammel, da Hammelserum sonst nicht zu beschaffen war. Selbstverständlich waren sie in dieser fleischarmen Epoche eines Tages geklaut.
Eine kleine Zeitungsanzeige »Hammel sind infiziert, vor dem Genuß des Fleisches wird gewarnt«, genügte, um die Klinikhammel unversehrt heimkehren zu lassen.
Unter den Ordinarien, Oberärzten und Assistenten waren nur wenige Mainzer, aber alle haben sehr schnell gelernt, wie gut der Wein schmeckt und wie verbunden das Volk mit den Reben ist.
Viele Besucher brachten ihren Kranken »e Fläschje Woi« mit, weil ihrer Ansicht nach selbst bei einer »Leberzirrhose« »en saubere Rheingauer nit schade

kann«. Was den Kranken hilft, ist selbstverständlich auch für Kinder geeignet, die ihre erste Kostprobe mit der Muttermilch erhalten und als Kleinkinder »am Gläsje Woi vum Vadder nippe derfe«.
Mein Sohn ist auch auf diese Weise ein echter Määnzer geworden. Noch nicht ganz zwei Jahre alt, erwischte er in einer Sylvesternacht ein fast volles Weinglas und hatte es, bevor die erschreckte Mutter eingreifen konnte, schon genußvoll leergetrunken. Dann saß er selig auf seinem Töpfchen, rechts und links eine seiner großen Schwestern im Arm und alle drei schaukelten lachend so lange, bis Kinder, Töpfchen und Inhalt auf dem Teppich lagen.
Danach schlief er 24 Stunden.
Seither ist er trinkfest!

Wenig später hatte ich die damals ganz seltene Gelegenheit die Zitadelle zu besichtigen.
Ein saarländischer Studienfreund, deutscher Soldat im eben vergangenen Krieg, traf auf dem Schillerplatz seinen Vetter aus Metz, Leutnant der französischen Besatzungsmacht.
Es war fast komisch, mit welchen Hemmungen diese beiden jungen Leute zu kämpfen hatten, weil sie mehr an ihre Uniformen als an ihren gemeinsamen Großvater dachten.
Natürlich sprach man französisch.
Als sich die familiären Bande später doch durchsetzten, verschaffte uns der französische Vetter eine

Verbindung zum Kulturoffizier der Besatzungsmacht, der damals in Gonsenheim residierte. Kultur verbindet halt leichter als Kanonen!
Mein Kollege und ich erhielten eine Einladung. Ein erstaunlich großes »Dokument« des französischen Stadtkommandanten mit unendlich vielen Stempeln wurde uns ausgehändigt.
Der Posten vor der Zitadelle traute uns, den in alten Uniformröcken gekleideten, armseligen Figuren trotzdem nicht. Das eiserne Gitter vor dem Kommandantenbau blieb lange geschlossen und wir konnten dieses Gitter in aller Ruhe bewundern. Rechts und links reiche Ornamente, in der Mitte des linken Torflügels ein Rad, der Mittelpunkt des rechten Torflügels das Lothringer Kreuz.
Gemeinsam schufen sie, das Mainzer Rad und das Lothringer Kreuz, die Einheit dieses schmiedeisernen Kunstwerkes. Ein Korporal, wohl der Wachhabende, ließ uns, nach mehrmaliger Prüfung unserer Papiere, ein. Die im Bogen führende Einfahrt mit den mittelalterlichen Schießscharten, erzeugten bei mir einen kalten Schauer. Wieder Gefangenschaft?
Als wir auf den großen freien Platz, den Mittelpunkt des Zitadellengeländes, schauen konnten, lächelten wir Deutschen uns an: die Franzosen mußten exerzieren.
Das Portal des Hauptbaues der Zitadelle ist mit dem Wappen des Kurfürsten Johann-Philipp von Schönborn geschmückt. Unser höflicher französischer

Gastgeber, der Kulturoffizier, erklärte uns, daß dieser Kurfürst zum französischen König, Ludwig XIV, ein sehr gutes Verhältnis gehabt habe.

Natürlich hatte ich mich vorher orientiert und konnte auf deutsch antworten – mein löchriges Schulfranzösisch habe ich damals aus Trotz nicht angewandt –, daß Ludwig XIV. diesen Kurfürst als »hinkenden Priester« belächelt habe.

Für Mainz war der »Schönborner« sehr wichtig. Er hat die Zitadelle und die Stadtbefestigung ausgebaut, eine Schiffsbrücke errichtet, den Schönborner Hof am Schillerplatz geschaffen und Gottfried Wilhelm von Leibniz, den letzten Universalgelehrten, an den Mainzer Gerichtshof berufen.

Leibniz hat Ludwig XIV. vorgeschlagen, seinen Ruhm nicht mit Einfällen in die Pfalz, sondern mit einem Feldzug in Ägypten zu erwerben.

Als Napoleon diesen Kriegsplan des »Nichtsoldaten« Leibniz gesehen hat, schüttelte er über sich selbst den Kopf.

Der große Feldherr soll gesagt haben: »Hätte ich diesen Plan besessen, wäre mein ägyptischer Feldzug ein voller Erfolg geworden«.

Offensichtlich war für unseren Gastgeber Napoleon das Stichwort. Er erklärte uns, was wir und vor allem die Stadt Mainz dem großen Kaiser alles zu verdanken hätten.

Der Ruhm Frankreichs sei durch Napoleon unendlich vermehrt worden.

Nun kratzte ich mein Französisch zusammen: »La gloire de la France, Monsieur, c'est l'ésprit, Napoleon c'est la guerre«. Mein Freund trat mir auf die Füße, die Stimmung wurde eisig.
Wir retteten uns zu den Römern. Den Drususstein oder Eichelstein, niemand weiß genau, wie er einst ausgesehen hat, der im 1. Jahrhundert nach Christus von römischen Soldaten für ihren Feldherrn Drusus errichtet worden war, sahen wir — die Franzosen und die Deutschen — als gemeinsame Vergangenheit an.
Beim späteren Rundgang schauten wir von der Zitadelle herunter auf die Trümmer der Stadt.
Heute ein herrlicher Blick: von links die Türme der Christuskirche, der Peterskriche, der Quintinskirche und des Domes, geradeaus das gewaltige Dach der Ignazkirche, daneben die Dagobertstraße mit dem Blick auf den Rhein und rechts alte, nicht mehr schöne Industriebauten.
Als wir damals von der Zitadelle auf die Stadt herunterschauten, sahen wir fast nur Trümmer.
Anschließend saßen wir in der Pfeffermühle. Der dicke Wirt, 1947 war dieser Anblick fast eine Sehenswürdigkeit, wollte uns nicht glauben, daß wir bei den Franzosen in der Zitadelle gewesen seien.
Beim Stammessen, das für uns Studenten zuständige, billigste, markenfreie Einheitsessen, hielt er uns einen Vortrag über die alten Anlagen, der seit Jahrtausenden von Römern bis zum 1. Weltkrieg als Festung dienenden Stadt Mainz.

Angeregt durch den Bericht des Wirtes gingen wir am Fuße der Zitadelle zum Südbahnhof – mit seiner Baracke als Bahnhofsgebäude – und von dort an den zum Teil noch leidlich erhaltenen Häusern der Dagobertstraße vorbei zum Rhein.
Stadtmauerreste, alte Forts und die Stadttore, des damals sauberen aber schifflosen Rheins machten mich trotzig! Diese alte wehrhafte Stadt mit ihren jungen Studenten – sie ist nicht totzukriegen!

Viel später kam ich noch einmal mit den Befestigungsanlagen in Verbindung.
Ich war Gast in einem neuerbauten Haus am Fort Stahlberg. Der Hausherr führte uns in seine neue Bar hinunter. Alte Kasematten der Festungsanlage waren nicht zugeschüttet worden, sondern dienten nun dem Zwecke einer Kellerbar. Der Raum lag so tief, daß derjenige, der »aus dem Keller« Wein holen wollte, eine Treppe höher steigen mußte.
Kann man sich eine schönere Entwicklung vorstellen als die Umwandlung alter Wehrgänge in die Weinstube eines Bürgerhauses?

Ein kleines Erlebnis aus der Zeit vor der Währungreform, als die verhungerten Städter bei den Bauern eine Perserbrücke gegen ein Pfund Kartoffeln tauschten, ist bezeichnend.
Ein Betrunkener torkelte über den Bahnhofsplatz von Mainz. Als Meßfremder glaubte ich damals, daß nun

eine Welle der Empörung über einen Menschen, der in so schweren Zeiten schlicht voll war, hereinbrechen würde. Staunend sah ich, daß die armseligen, ausgebombten, zerlumpten Mainzer sich freuten, endlich wieder einen fröhlichen Zecher zu erleben. Welch ein Volk, seit Jahrhunderten gemischt, ja aufgefrischt durch die unzähligen Stämme, die dank der großen Heerstraßen ganz Europa mithereingebracht hatten, und das nun uns, die Flüchtlinge, aufnahm.

Ist es die Geschichte und Tradition einer Stadt, oder die sakralen und historischen Bauten, oder sind es die Plätze und Kneipen, die die Bewohner zu Lokalpatrioten formen? Sind es Stammeseigenschaften oder vererbte Eigenarten der Menschen, oder sind es die Einflüsse der umgebenden Natur, die Früchte und Trauben, mit denen die Bewohner den Charakter ihrer Stadt gestalten?
Ist es die Stadt, die den Menschen leitet, oder ist es der Mensch, der seiner Stadt die Richtung weist?
Im Rhein-Main-Gebiet zeigten sich auf engstem Raum unglaubliche Variationen. Bis zum Zweiten Weltkrieg wurde in Darmstadt regiert, in Frankfurt das Geld verdient, in Wiesbaden repräsentiert und in Mainz gefeiert.
Nach dem Krieg rettete sich Darmstadt in die Kultur, Frankfurt wurde die heimliche Hauptstadt und Wiesbaden entwickelte sich zum Magnet für Pensionäre.
Mainz aber blieb beim Feiern!

Obwohl alle größeren Säle zerstört waren, begannen schon 1946 im »Rad« die ersten Fastnachtssitzungen; und was für Sitzungen! Von der Enge der Zensur, von der Angst des Krieges und von dem davor und danach regierenden Proporz befreit, gab es Sitzungen – wegen des kleinen Raumes nur von wenigen erlebt – die vollendete Kabarettabende waren.

Wenig Fastnacht aber viel Gemüt und Hoffnung, noch heute denke ich an Seppel Glückert »die Träne rolle aus de Aache«.

Die interessanteste Herrensitzung war in den ersten Nachkriegsjahren die Nachthemdensitzung in Mainz-Kastel. Sie fand in einer Turnhalle statt, ohne Platzreservierung, Einlaß nur für Nachthemdenträger, Beleuchtung bis Sitzungsbeginn nur Kerzen und dann, bevor es losging, der Nachthemdenschwur, damit nicht alle Pointen (sehr oft unter der Gürtellinie) diese erhabene Stätte der Verschwörer verlassen konnten.

Wie üblich war der Beginn um 19.11 Uhr. Um leidlich gut, d. h. nicht ganz hinten zu sitzen, mußte man spätestens um 16 Uhr mit Kerzen und Spielkarten da sein.

Drei Stunden Skatspielen, blödeln, sich über einen alten Professor im Nachthemd einer Nonne – dies ist auch nur in Mainz möglich – zu freuen und dabei den Alkoholspiegel so tief zu halten, daß man später auch noch was aufnehmen konnte, erzielte ein sonst nirgends erreichbares fastnachtliches Gleichge-

wicht. Akteure und Publikum waren eine Fastnachtsgemeinde.
Rolf Braun, heute versierter Sitzungspräsident im Fernsehen, war damals taufrisch und in seinem Schlußzwiegespräch mit Joe Ludwig als »Mc Brown und Old Joe« kaum zu übertreffen. Für mich war es das erste Mainzer Fest, das ich bewußt und staunend miterleben durfte.
Der Weinmarkt, das Weinfest am Rhein feierte auch schon 1946 seine Auferstehung. Ein Jahr später sahen wir Studenten unfaßbare Ereignisse. Die Franzosen gaben für den Weinmarkt tausende Liter Wein frei und es war gelungen, durch zusätzliche Fischkonserven ein ausreichendes Angebot bereitzustellen.
Eintrittskarten, sogar gefälschte, wurden auf dem Schwarzmarkt gehandelt.
Auf dem Halleplatz war das Gelände abgezäunt und jeder, der seinen Eintritt bezahlt hatte, bekam einen Gutschein für zwei Probiergläschen Wein. Studenten, die kein Geld hatten, und durch die Lücken des Zaunes zum Weinmarkt kamen, waren nach zwei Stunden genauso voll des edlen Weines, wie die braven Bürger mit ihren Gutscheinen.
Die Stadt begann wieder mit ihren Festen zu leben.
In dem schon kalten Herbst reichten aber 1947 ein freier Platz und einige Zelte nicht aus.
Wir Neubürger, über das Seelenleben der Urbevölkerung nicht aufgeklärt, verstanden noch nicht, daß

ein Festsaal wichtiger als Wohnungen, Rathäuser und Regierungsgebäude war.

Das kurfürstliche Schloß, in hundertjähriger Bauzeit entstanden, voller Geschichte, diente nach seiner Glanzzeit als kurfürstliche Residenz, bei den Franzosen als Lazarett, Kaserne und Magazin. Später gehörte es der Stadt, die Bibliotheken, Museen, Galerien und Vereine dort unterbrachte.
Oberbürgermeister Stein rettete es vor dem Zugriff der Landesregierung, die von Koblenz nach Mainz verlegt werden sollte. Mainz brauchte die Säle für sich selbst.
Mir schien es so, als ob im großen Saal des Schlosses die Stadt Mainz wiedergeboren wurde.
Bei Fastnachtssitzungen und Bällen vergaßen die Mainzer all das sie umgebende Elend und waren einfach glücklich.
Die alten Traditionsvereine Automobilclub, Ruderverein, Casino Hof zum Gutenberg und andere, hatten wieder einen würdigen Rahmen für ihre Feste.
Heute kennt diesen Schloßsaal ganz Deutschland, weil die Fastnachts-Fernsehsitzungen noch immer nicht aus dem inzwischen erstandenen großen Saal der Rheingoldhalle, sondern aus dieser »Gut Stubb« der Mainzer von Bayern bis Ostfriesland in die Wohnzimmer der staunenden Nichtfastnachter übertragen wird.

Mainz hat mit seiner geschichtlichen Bedeutung, seiner Ausstrahlung und seinem Selbstbewußtsein seine Eroberer beeinflußt. Napoleon war nach seinem Besuch in Mainz so beeindruckt, daß er die Stadt aufwerten wollte.

Er ließ Pläne ausarbeiten mit einem großzügigen Konzept für die Ludwigstraße, für den Gutenbergplatz und einen Theaterbau. Nach diesen Plänen

wollte später ein französischer Baumeister das zaristische Theater in St. Petersburg gestalten.

Als Mainz Provinzstadt in Hessen–Darmstadt war, leistete es sich den repräsentativen Theaterbau, von Georg Moller entworfen. Dieser Moller-Bau stand Pate für das berühmte Dresdner Hoftheater.

1833 war der »Mollerbau«, dem Kollosseum in Rom nachempfunden, fertig, 1834 war das Theater pleite. Dennoch wurde dieses Mainzer Theater bekannt als Sprungbrett für später berühmte Schauspieler, Sänger und Kapellmeister. Es erlebte noch viele Direktoren und zahlreiche Umbauten, bis es 1942 ausbrannte.

Nach der Zerstörung wurde nur auf den Plätzen oder in den Gasthäusern Theater gespielt. In der zweiten Hälfte des 18. Jahrhunderts erstand an der Großen Bleiche endlich wieder ein Theaterbau. Bereits vor dem, dank Lessing berühmten Kommödienhaus in Hamburg, wurde dieses Theater eröffnet. Mainz war nicht nur schneller, sondern auch gelassener, denn es eröffnete sein Theater mit einer Posse.

Dieser Bau auf der großen Bleiche lebte nur ca. 30 Jahre und verbrannte 1793 bei der Beschießung der von den Franzosen besetzten Stadt Mainz durch die Preußen. Ende des 18. Jahrhunderts ließ der Kurfürst die Reithalle des Marstalls in der mittleren Bleiche, heute Steinhalle, zum Theater umbauen.

1951 wurde das wiederaufgebaute Stadttheater mit einem Gastspiel des Pariser Opernballettes eröffnet.

Oberbürgermeister, Ministerpräsident und der französische Hochkommissar weihten das Haus ein. Jeder dieser drei, Stein, Altmeier und François-Poncet, hielt Mainz für seine Stadt.

Karl Schramm rettete einen Funken des romantischen Theaters im Pulverturm in das neue Haus.

Neben vielen anderen prägte die schillernde Figur des Generalmusikdirektors und Intendanten, Karl Maria Zwissler, die Entwicklung des Theaters. Die »Ära Zwissler« erreichte ihre Höhepunkte bei den Gutenberg-Festspielen mit der Elite der internationalen Musikwelt.

Um den Meister, ob am Dirigentenpult oder mit seinem breitkrempigen Hut in den Straßen der Stadt, rankten sich viele Anekdoten.

So passierte es bei einer Aufführung von Tristan und Isolde in Wiesbaden, daß Zwissler vergebens versuchte, den Pauker zum Einsatz zu bringen. Der Pauker schlief!

Nach der Vorstellung tobte der Herr Generalmusikdirektor. Wenige Tage später teilte ihm die Stadt Wiesbaden mit, der Pauker sei fristlos entlassen worden.

Zwissler: »Warum? Ich kann mich an nichts erinnern«.

Bei der nächsten Aufführung saß derselbe Pauker im Orchester.

Der Herr Generalmusikdirektor verbeugte sich vor dem Publikum, ließ seinen Feldherrenblick über seine Musiker gleiten, hob drohend den Zeigefinger in Richtung des Paukers und der Tristan war wieder ein großer Erfolg.

In seinen letzten Lebensjahren war Zwissler viel krank. Sein großes Bett stand nun inmitten des Wohnzimmers mit dem schönen Blick auf den Dom. Der Meister war umgeben von seinen unzähligen Büchern, den Bildern bekannter Künstler und Freunde, Stapeln von Noten, vielen Kostbarkeiten, Erinnerungen an sein so reiches und ausgefülltes Leben.

Natürlich stand der Flügel neben dem Bett.

Zwissler hat nie geklagt. Wenn ich zu ihm kam, sagte er lächelnd: »Es geht mir gut Doktor.« Selbst in der Endphase seines Lebens schien es mir, als wolle er immer noch komponieren. Manchmal dirigierte er ein imaginäres Orchester, oder er diskutierte lebhaft mit Reger, Strawinsky oder Reuter. Als ich ihm erzählte, daß während der Studentenzeit keine Möglichkeit gegeben war, in das Theater zu gehen, schaute er mich kopfschüttelnd an. »Warum sind Sie damals nicht zu mir gekommen?«

Aber damals war es eben ganz anders.

Studenten 1946! Die Narbengeneration. Entstellte Gesichter, Amputationen, zerschossene Bäuche und eine strapazierte Psyche. Viel älter als die von der Penne kommenden und viel ärmer als die mit dem väterlichen Scheck ausgestatteten und viel verlassener als die mit einer erhaltenen Heimat.

Zerschlissene Schuhe, abgewetzte Uniformröcke und geflickte Hochwasserhosen. Aber diese Studenten waren voller Drang, endlich zu lernen, verspätet zu leben und das Erlittene zu verwerten, um sich selbst zu finden.

Ihre Sehnsucht war nicht nur, Fachwissen zu erlangen, nein, sie wollten auch einen Zipfel der Welt des Geistes erkennen, in einer stillen Ecke die ihnen so lange verschlossene Kunst erfühlen und ihren fast verschütteten Humor wiedererwecken.

Wir suchten die Heiterkeit als Anzeichen der Freiheit!

Auf den Dörfern in der Nähe der Stadt Mainz feierten die Studenten Feste mit einem Programm zündender Ideen, wie sie dem heutigen Kabarett oft fehlen.

Die Medizinerbälle in der Uni und später im Schloß waren sprühend, sarkastisch, respektlos vor den Ordinarien. Sie waren geprägt durch eine schwungvolle Begeisterung.

Dieser Hauch der Muse bei Naturwissenschaftlern war umgekehrt proportional der spartanischen Ernährung und der knappen Alkoholika. Er ließ sich nur aus der Freude am Feiern, an der Lust an Pointen und aus dem Erleben der Freiheit, sich ausdrücken zu dürfen, erklären.

Studenten, 1946 die Generation des Erwachens. Nicht wie 1814 die Burschenschaften mit einem patriotischen Schwung, nicht wie 1848 die bürgerlichen Idealisten mit ihrem liberalen Gedanken, son-

dern voller Bereitschaft zu einem neuen Aufbruch mit Zynismus und Romantik, mit Expressionsismus und dem Trümmerrealismus, mit der wiedererfühlten Lust zu gestalten, zu probieren, sich selbst zu fordern.
Das war die Wiege der heute berühmten Kleinkunst der Stadt Mainz.
Es begann 1947 in der Aula der Gutenberg-Universität als Uni-Karneval. Das erste Werk unter der Regie von Klaus Martin Mayer »Regiefehler« war noch kein voller Erfolg. Der Raum war viel zu groß, die Ideen viel zu negativ. Das Publikum, Studenten, nicht so apathisch, wie es der erste Song behauptete.
Der »Bettelstudent« von Rudolf-Jürgen Bartsch und Hans H. Halbey erschien mir eine deutliche Steigerung.
1949 in einem kleinen Musiksaal unter dem Dach eines Seitenflügels erlebten wir Hanns Dieter Hüsch und Hermann Klippel »die Toleranten«.
Das Reißnagelklavier von Hüsch, das war unsere Tonlage: heiser, verstimmt, aber mitreißend. Der Durchbruch war gelungen. Hüsch hauste in einem Zimmer im Studentenheim und wollte studieren, aber es klappte nicht, weil ihn die Muse geweckt hatte und er die Wissenschaft vergaß und seine Chance erkannte. Mutig und begeisternd zugleich in einer Zeit, in der noch immer Helden und starke Männer gesucht waren, sein Song »Ich bin ja so unmuskulös«.

Wie die Schneeglöckchen beim ersten Frühlingsahnen regte sich in Mainz die Kultur. Im Pulverturm, unter Hermann Ballinger, wurde »Kabale und Liebe« inszeniert. Im Bellybau, einem Zirkuszelt mitten in den Trümmern, wurden Konzerte unter Karl-Maria Zwissler gegeben. 1956 eröffnete Mainz sein erstes Kabarett: Die »Arche Nova«, zwischen Großer- und Mittlerer Bleiche. Klein, im Keller, tapeziert mit Papier, beleuchtet mit Kerzen, Provokation und Resignation, Aggressivität und Lethargie! Das Unterschwellige dieser Zeit des beginnenden Wirtschaftswunders wurde in Chansons, Szenen und Songs aufgezeigt. Nur kurz, leider viel zu kurz existierte die Katakombe. Danach erblühte das Unterhaus am Gutenbergplatz. Vierzig Sitzplätze, alles zum Greifen nah, Bühnenbilder von Hermann Schmid-Schmied, gekonnt, farbig, unvergeßlich. Der Stellungswechsel in neue Kellerräume hat dem Unterhaus nicht geschadet. Um diese große »Kleinkunst« wird Mainz von vielen beneidet.

Neuerblühendes Leben sprüht vor Energie! Nur dadurch kann ich mir erklären, daß es mir gelang, 1949 mitten in der Altstadt ein Zimmer zu bekommen.
Wer mich damals besuchen wollte, am Hauptbahnhof Mainz ankam und in die Straßenbahn stieg, hatte eine abwechslungsreiche Reise in einem wackligen, oft klingelnden, aber gemütlichen Straßenbahnwagen vor sich.

Gegenüber dem Bahnhof und in der Bahnhofstraße die ersten wiedereröffneten Hotels.

Am Münsterplatz eine Mischung aus Baracken und der Post, der Sparkasse und dem Telehaus, die Schillerstraße, beherrscht durch das Proviantamt aus der österreichischen Zeit, der Schillerplatz mit den wiedererstandenen Adelshöfen derer von Erthal, Schönborn oder Ostein und die Ludwigstraße, eine Geschäftsstraße noch voller Notbauten, aber mit freiem Blick auf den Dom.

Dann fuhr die Straßenbahn quietschend um die Ecke in die Schöfferstraße, links die erhaltenen Domhäuser – auch ein Mollerbau – und rechts die älteste Kirche, die Johanniskirche. Quer und wieder quietschend ging es über den fast völlig zerstörten Leichhof in die Enge der Augustinerstraße hinein. Im unteren Teil dieser Straße konnte man von der Straßenbahn aus einem Bewohner, der sich aus dem Fenster lehnte, die Hand reichen.

Am fast völlig zerstörten Graben zeigte sich der erste Wiederaufbauversuch des Weinhauses Kirsch und für meine Besucher war hier Endstation.

Rechts ab, etwas den Berg hinauf die Jakobsbergerstraße.

Das Weinhaus Lösch und die Weinstube der »Maja« direkt daneben hatten den Krieg überstanden.

Mein Zimmer beim Lösch im ersten Stock, fast dreieckig mit Blick auf eine Mauer, möbliert mit Bett, Schrank, Tisch und zwei Stühlen, war in dieser Straße

für einen Flüchtling nicht weniger attraktiv, als das Schloß für Mainz.
Bei Besuchern konnten wir – Mainz und ich – schon wieder angeben.

Das Zimmer kostete fünfzig Mark Miete, die ich am Ersten eines Monats natürlich nie hatte. Um Frau Lösch mußte ich daher immer einen Bogen machen. Nicht pünktlich bezahlte Miete, Gäste, die manchmal laut lachten, und welch unmoralische Sünde, gelegentlich sogar eine junge Dame in meinem Zimmer, entlockten meiner Wirtin häufig die Drohung, daß ich nicht der richtige Mieter für sie sei.
Der alte Lösch, schon damals mit Atembeschwerden, winkte mich manchmal an die Theke zu einem schnellen »Halben« wenn die Luft rein, d. h. seine Frau nicht im Lokal war.
Ab ca. vier Uhr nachmittags saßen im Lösch die alten Mainzer, meist Stammgäste, unter anderem der Oberbürgermeister, bis sieben oder acht Uhr. Dann wurden sie allmählich von Studenten, rechtsrheinischen Besuchern, Gästen aus aller Welt und viel jungem Volk aus der Altstadt abgelöst.
Die strenge Wirtin duldete nicht jeden Gast und für jene, die ihr nicht paßten, war einfach kein Platz frei. An besonders schlechten Tagen konnte sie so verbittert wirken wie Hera, wenn Zeus als Stier oder Schwan aktiv war.
Der alte Lösch hatte nicht die ewige Jugend, aber die

Gelassenheit des Göttervaters in sich. Er brachte es fertig, mit seinem Weibe auszukommen und für alle Gäste ein echter »Hosbes«, ein Freund, zu sein.
Nun war ich Bewohner der Altstadt von Mainz. Ein Römer, der zu Füßen des Kapitols eine Wohnung besessen hat, mag ähnlich stolz und glücklich gewesen sein.

Wie das Kapitol Rom beherrscht, so steht der Mainzer Dom über den ihn umgebenden Bürgerhäusern wie die Glucke über ihren Küken. Damals, bei meiner Ankunft in Mainz, war ich die Kaiserstraße hinuntergegangen. Beim Anblick der Christuskirche, die ich damals für den Dom gehalten habe, war ich sehr traurig, weil ich mir den Dom viel gewaltiger vorgestellt hatte. Diese gewichtige Kuppel der Christuskirche, die wie ein Wasserkopf auf dem viel zu kleinen Unterleib thront, erschien mir wie der Versuch preußisch-wilhelminische Züge in Mainz zu etablieren. Das befreiende Gefühl bei Kennenlernen des Domes blieb bei mir, dem stolzen Bewohner der Altstadt, bestehen.
Oft habe ich diese Kirche, dieses Mainzer Haus, umwandert. Verschiedene Stile, variierter Sandstein, das große Erzportal am Markt, daneben die romanische St. Gotthard-Kapelle, viele Türme an allen Seiten, Rundtürme vor den Querschiffen und die mich immer wieder begeisternde Zwerggalerie über dem Westchor.

Hier ist nicht Architektur um der Architektur willen gestaltet, sondern lebendig, jeweils seiner Zeit entsprechend gebaut worden und so ist Architektur entstanden.

Ein Fremder, der den Dom betritt, wird zuerst von dem Blick zum Westchor gepackt.

Als ich zum ersten Mal in diesem gewaltigen Bau stand, staunte ich, wieviel Geschichte er bewahrt hat. Das Taufbecken, die Fresken der Nazarener, die romanischen Kapitelle und vor allem das Chorgestühl – unübertroffenes Rokoko – im Westchor haben mich gefesselt.

Der Mainzer Dom ist der einzige der berühmten Dombauten, dessen Kreuzgang erhalten ist. Hier findet man unter vielem anderen den Grabstein Heinrichs von Meißen, des von den Mainzer Frauen zu Grabe getragenen Minnesängers »Frauenlob«.

Als ich an einem strahlenden Sonntag vom Kreuzgang in den Kreuzganggarten hineinträumte, stand unerwartet eine Mainzer Marktfrau neben mir: »Gell, da mechde Se begrabe soi!«

In Köln steht anstelle des Kreuzganges der Hauptbahnhof.

Glückliches Mainz, das einen solchen Dom als Mittelpunkt besitzt! Der Kölner oder der Wormser Dom, das Straßburger oder das Ulmer Münster und viele andere sakrale Bauten sind stilreiner, gewaltiger und imponierender als unser Dom, aber welche Stadt hat einen Kirchenbau, der sie selbst in ihrer Vielfalt so charakterisiert, der ihr Herzstück ist und sich in sie einfügt als ein Haus ihrer Bewohner.

Heute kann ich von meinem Sprechzimmer aus auf den Dom sehen, ja, ich habe einen Domblick, wie er von keinem anderen Punkt der Stadt aus möglich ist. Wir reden miteinander, denn wir sind Freunde geworden.

Wenn er sich wegen des häßlichen Schornsteins über der Sakristei ärgert, erinnere ich ihn an all das Schöne um ihn herum. Wenn ich ihn manchmal ein bißchen verzweifelt frage, ob es einen Sinn hat, den so hoffnungslosen Kampf gegen die eingebildeten Krankheiten immer wieder zu führen, dann lächelt er – das kann er wirklich, der alte gütige Mainzer Dom – und zeigt mir das Farbenspiel seiner tausendjährigen Steine und schenkt mir wieder Ruhe und Geduld.

Es ist wahrhaftig ein Wunder, daß der Mainzer Dom noch steht. Nicht nur, daß er von den Beschießungen und dem Bombenhagel des Zweiten Weltkrieges fast unberührt geblieben ist, sondern auch, daß seine Fundamente gehalten haben.

Im Mittelalter war der Dom auf Pfählen gebaut worden, die in den sumpfigen Boden eingerammt waren. Nach der Rheinregulierung und der dadurch verursachten Senkung des Grundwasserspiegels verloren die Pfähle ihre Festigkeit und der Dom, dessen Seitenwände stellenweise in der Luft hingen, blieb nur aus »frommer Gewohnheit« stehen. Die Fundamente wurden durch Betonspritzen gerettet.

Unser Dom, der die Altstadt beherrscht und die Geschichte des Erzbistums Mainz dokumentiert, hat als Nachbarn den großen Sohn der Stadt, Johannes Gensfleisch, genannt Gutenberg, dessen Denkmal auf Wunsch Napoleons auf dem Gutenbergplatz errichtet wurde.

Der Stadtrat beauftragte 1958 Professor May, eine Gesamtplanung für den Wiederaufbau der Stadt zu erstellen. Mainz war wohl eine der letzten deutschen Städte, die ihre Kriegswunden zu heilen suchten. Es mußte schnell gehen, denn schon vier Jahre später war die Zweitausendjahrfeier der Stadt − wer weiß schon, ob dieses Datum stimmt − und 1975 die Tausendjahrfeier des Domes.

Von der Ingelheimer Aue bis zum Stadtpark war Mainz eine Baustelle.

Regierungsgebäude, neue Wohnblöcke, das römisch-germanische Museum, das Zeughaus, der Osteiner Hof, der Sautanz,...entstanden wieder in alter Pracht.

Beeindruckend war die große Zahl verschiedenster Brunnen. Am Fischtorplatz ein alter Brunnen, zwei steinerne Kugeln mit fliegende Fischen »Hering mit Pellkartoffeln«, am Neubrunnenplatz der erhaltene »Neue Brunnen«, im Kirschgarten der verträumte »Altstadtbrunnen«, der unübertroffen schöne »Marktbrunnen«, damals noch grau, weil er erst später seine Farben, die er im Mittelalter gehabt haben soll, wiedererhalten hat, am Deutschhausplatz ein

modern gestalteter Brunnen, vom Toilettenpapierhersteller Hakle gestiftet »die Wasserspülung« und schließlich der »Fastnachtsbrunnen«.
Ich habe lange gebraucht, bis ich mich mit ihm anfreunden konnte. Alle Figuren der Fastnacht sind auf ihm zu sehen und versammelt. Verstehen kann man diesen Brunnen nur, wenn man das letzte Buch von Karl Schramm »Der Fastnachtsbrunnen« gelesen hat. Ein ganz besonders schönes Bild bietet der Brunnen, wenn er im Winter vereist ist.
Später kamen viele andere Brunnen dazu: Zum Beispiel am Leichhof, vielleicht etwas plump, aber in seinem Kopfteil die Mainzer Geschichte demonstrierend, eine Art Taufbecken, das von vier gewaltigen Wasserstrahlen versorgt wird. Entsprechend dem Wind wird der Leichhof gesprengt, so daß das Kopfsteinpflaster auch an Sonnentagen rutschig werden kann.
Am Schillerplatz der hübsche kleine »Schoppenstecher«, inmitten des gewagten, aber gelungenen Neubaus des Holzhofes die »bockspringenden Lausbuben« und am Ballplatz gegenüber den Englischen Fräulein die grazilen Mädchen unter einem Regenschirm, die ein blinder Künstler geschaffen hat, ein Jungfernbrünnlein.
Die alten Kirchen des einst so gewaltigen Erzbistums Mainz sind wieder entstanden. Wie schön war es, als die Große Bleiche durch den heiteren Barock der Peterskirche ein neues Gesicht bekam.

Die turmlose Altstadtkirche St. Ignaz ist so wunderschön renoviert worden, daß kein Spaziergänger an ihr vorbeigehen sollte, die bescheiden in der Häuserreihe der Augustinerstraße stehende Seminarkirche, die mit ihrer lebensfrohen barocken Pracht den Krieg überstanden hat, die altehrwürdige Johanniskirche und der Wiederaufbau der durch den Krieg völlig zerstörten Stefanskirche verwandelten das Trümmerfeld von 1945 dieser seiner großen Vergangenheit bewußten Stadt. Die Stefanskirche ist heute durch ihre Chagallfenster berühmt. Farblich sind diese Fenster, von dem alten Marc Chagall geschaffen, wunderschön. Die Motive aus dem Alten Testament sind aber nur mit dem Fernglas ganz zu erfassen. Der Kreuzgang der Stefanskirche, mit seiner Ausgewogenheit und Gelassenheit, mit seiner Ruhe und seinem Frieden, kann den Wunsch erwecken, dort Mönch gewesen zu sein.

Hier ahnt man die weite Ausdehnung der kirchlichen Macht des Erzbistums Mainz, das einst von Bischof Willigis geschaffen wurde. Zur Diözese Mainz gehörte Hessen, Thüringen, Rheinfranken und Sachsen. Der Mainzer Bischof hat das Recht, seinen Sitz, als »Heiligen Stuhl« zu bezeichnen, ein Recht, das außer Rom kein anderer Bischofssitz in der Welt hat.

Vom Rheingau – Sommerresidenz der Kurfürsten in Eltville – über Aschaffenburg – Schloß der Kurfürsten und Begräbnisstätte des Erzbischofs Isenburg – bis Erfurt findet man noch heute das Mainzer Rad.

1962 war die ganze Stadt stolz, daß mit Hermann Volk wieder ein Kardinal das Bistum verwaltete.

Neben den sakralen Bauten wurden nun auch Adelshöfe, Bürgerhäuser stilgerecht rekonstruiert.

Der Markt mit den erhaltenen Domhäusern und den jetzt neugestalteten Barockfassaden auf der Gegenseite des Domes, der Marktbrunnen, der Liebfrauenplatz mit dem Haus am Dom, der wiederaufgebauten alten Preußischen Wache, dem Römischen Kaiser und dem angedeuteten Fundament der alten Liebfrauenkirche, schenken Mainz eine der reizvollsten Fußgängerzonen.

Schließt man den Fischtorplatz mit seinen sandfarbigen Bürgerhäusern (Alois Ruppel, unser Ehrenbürger und Gutenbergforscher wohnte hier) und das Rheinufer, heute leider Landesgrenze – (Hessen verwaltet die durch Besatzungszonen willkürlich abgetrennten rechtsrheinischen Vororte unverständlicherweise weiter) mit ein, wird man unendlich stolz auf diese Stadt.

Geht man vom Dom weiter in Richtung zum Schillerplatz mit dem Osteiner Hof, einem ausgewogenen Renaissancebau des Kurfürsten Friedrich Karl von Ostein, den Patrizierhöfen und dem Fastnachtsbrunnen, oder geht man um den Dom herum zum Leichhof mit dem Blick auf den St. Martin und den Domsgickel zur Leichhofstraße mit dem wunderschönen Fachwerkhaus zum Spiegel mit einer berühmten Altstadtweinstube, und zum Kirschgarten, mit Fach-

werkhäusern und Brunnen, dann hat man den Stadtkern erlebt, der niemand mehr losläßt.

Für mich war in dieser Zeit die so geschundene Stadt, die nun sich selbst wiedergefunden hatte, Heimat geworden.

Am Leichhof, welch eine Adresse für einen Arzt, hatte ich mich niedergelassen. Mir, dem Protestanten, war eine Vier-Zimmer-Wohnung in einem Domhaus angeboten worden. Schlafzimmer, Kinderzimmer, – natürlich hatte ich inzwischen eine Mainzerin geheiratet und war Vater von Mainzern geworden – Wartezimmer und Sprechzimmer.

Der Anfang des Aufbaus war für Mainz und mich erreicht, noch bescheiden aber voller Wünsche, Pläne, Hoffnungen.

Nichts kann mehr verbinden als gemeinsam aufzubauen, zusammenzuwachsen, sich achten, ja lieben zu lernen. In diesen herrlichen Jahren des Wiederaufbaues – in der Geschichte sehe ich keinen Vergleich dafür – hat mir diese ehrwürdige und lebendige, traditionsverbundene und gegenwartsbewußte, nachdenkende und lebenslustige Stadt all das geschenkt, was man von einem Freund erhofft.

Aber hätte Mainz so wieder auferstehen können ohne mich, d. h. ohne all die durch die Völkerwanderung nach dem Zweiten Weltkrieg hierher Verschlagenen, ohne ihren Schwung, eine neues Leben zu beginnen, ihre Phantasie, eine neue Heimat mitzuge-

stalten und vielleicht auch ein bißchen ihre Exaktheit als Gegensatz zum Mainzer »laissez-faire«?
Alles dem anderen zu schenken und nicht weniger von ihm zu empfangen, das bedeutet eine Einheit zu werden.
Mainz lebt ja nicht nur wieder mit seinen Kirchen, seiner Altstadt, seinem Rhein, sondern auch mit seinem Volk, den Urmainzern, den Reingewachsenen, den aus dieser Gemeinsamkeit Entstandenen. Es lebt sogar mit den aus der Besatzungszeit Hängengebliebenen, aus der Vielfalt einer Bevölkerung, die diese Stadt weltoffen, kleinbürgerlich, festbesessen, klerikal, freidenkerisch, wissenschaftlich gestaltend und kirchturmversponnen macht.
Aber die Sprache. In Hamburg oder München kann ich meenzerisch babbeln, hier hüte ich mich davor.
Das Mainzer Wörterbuch von Karl Schramm habe ich nie versucht nachzusprechen. Genügt es nicht, die Toleranz der großzügigen Stadt, die uns als ihre Kinder aufgenommen hat, zu empfinden und den hier Aufgewachsenen, auch meine Kinder gehören dazu, ihre Sprache zu lassen?
Ab und zu in einer Altstadtkneipe beim »Hottum« oder beim »Lösch«, sind ein paar Sätze ostpreußisch, schlesisch oder sogar sächsisch auch für den Urmainzer ein Symbol der Gemeinsamkeit.

Was helfen Tradition, Kultur, Bürgersinn und Kneipen, wenn nicht eine merkantile Grundlage dafür gegeben ist. In dem aufstrebenden Nachkriegs-Mainz erstanden alte Betriebe wieder und viele neue wurden angesiedelt.

Zement und Schuhcreme, Computer und Klopapier, Lkw's und Zahnpasta, Bier und Sekt und vieles andere werden wieder in Mainz produziert. Für uns respektlosen Studenten war Sekt und Bier am wichtigsten. Den berühmten Blick von der mit Sektkellerei und Bierbrauerei lockenden Kupferbergterrasse auf den Schillerplatz, die Ludwigstraße und den Dom, den wollten wir selbst beurteilen. Der Bericht, daß schon 1870 die Großherzogin von Hessen, Princess Alice of Great Britain, bei diesem Anblick »voller Entzücken« war, genügte uns nicht.

Als wir da oben standen mitten in der Stadt und doch über der Stadt, da wurden wir still, beinahe andächtig. Nun wollten wir natürlich auch in die Sektkellerei Kupferberg.

Wir bestaunten das Tor. War das der Eingang in einen Industriebetrieb? Ein schmiedeeisernes Kunstwerk, Reblaub, Trauben, elegante Schnörkel und hineinkomponiert der Firmenname.

Heinz von Schilling, ein Sproß des Hauses Kupferberg, führte uns selbst souverän und humorvoll durch dieses Haus voller Schätze.

Sieben Kellerschichten mit Spinnenweben und Pilzen, immer wieder tieferführende Wendeltreppen und der eigenartige, ganz spezifische Geruch, lassen den Besucher bereits ein perlendes Prickeln erfühlen.

Wir sahen die Gewölbekeller, jeder mit einem klingenden Namen versehen, Komponisten, Römer oder Flüsse hatten Pate gestanden, bestaunten die Eichenholzfässer im Gutenbergkeller, und glaubten, als wir wieder nach oben kamen, in einem Museum zu sein.

Der Traubensaal im Jugendstil, von der Weltausstellung in Paris originalgetreu zu Kupferberg umgesiedelt, die Sammlung römischer Amphoren und Gefäße, die beim Ausbau der Keller gefunden worden waren, und schließlich das Bismarckzimmer.

Im August 1870 war Bismarck einige Tage Gast des Hauses Kupferberg. Uns erschien es sehr vernünftig, daß der damalige preußische Kanzler und Außenminister nicht wie der König von Preußen in der Stadt Mainz Quartier genommen hatte, sondern dieses Haus mit der besonderen Atmosphäre bevorzugte.

Das Emailleschild »bureau des auswärtigen Amtes« ist noch heute erhalten.

Zum Schluß der Führung saßen wir in der Kupferberg-Klause.

Bei einer Sektprobe habe ich als Schlesier stolz von dem Grünberger Sekt erzählt. In diesem östlichsten Weinbaugebiet war der Wein meist nicht herb, sondern sauer. In schlechten Jahren genügte ein Tropfen, um ein Loch im Tischtuch zu hinterlassen. Aber hervorragend war der Sekt. Aus Grünberg in Schlesien wurde »musierender Wein« in alle Welt geschickt. Schon 1847, vor der Gründung der Sektkellerei Kupferberg, war der »Grünberger« für Kenner etwas Besonderes. Na bitte!

Als wir die Kupferbergterrasse verließen, suchten wir eine andere berühmte Adresse, den Schott-Verlag im Weihergarten.
Haydn und Mozart wurden hier erstmalig verlegt. Cosi fan tutte, die Zauberflöte und die Marseillaise sind in einem Jahr gedruckt worden.
Was wäre Wagner ohne Schott? Jahrelang lebte er von den Vorschüssen des Verlages. In Biebrich komponierte er »Rheingold«. Richard Wagner hätte einer von uns romantischen und leichtsinnigen Studenten sein können, als er von Mainz nach Biebrich mit einem Fährmann übersetzte und die eben als Vorschuß empfangenen Goldstücke in die vom Mondlicht bizarr erhellten Wellen des Stromes warf, als Geschenk an seine Rheintöchter. Fama est!
Der Rhein verzaubert und, das gilt auch noch heute, ist stärker als die Vernunft.
Der Schott-Verlag komponierte in erfreulich architektonischer Gemeinschaft mit der Bundes-Zahnärztekammer zwischen Weihergarten und Weißliliengasse ein dem großen Namen und der Mainzer Altstadt würdigen Neubau.
Der Garten des Hauses, unvergeßlich durch seine wunderschönen Konzerte, blieb erhalten.
Jetzt, 1985, ist es unmöglich durch den Weihergarten zu gehen ohne nicht mehrmals stehen zu bleiben

und andächtig zu werden. Die Weißliliengasse kommt dem Ziel, nicht nur eine Verkehrsader, sondern eine sehenswerte Straße zu sein, durch diese neuen Fassaden deutlich näher. Ein Stück weiter auf der anderen Straßenseite leuchtet der fremdartige aber imponierende »Palazzo« und die abschließende schöne Treppe zur Windmühlenstraße lädt den Durchreisenden zu einer Pause in Mainz ein.

Es wird Zeit, wieder an die Wunder der Stadt Mainz zu denken. 1961 kam das ZDF nach Mainz.
Den rheinland-pfälzischen Ministerpräsidenten Peter Altmeier hielten alle »Vernünftigen« für einen Phantasten, als er das ZDF nach Mainz holen wollte. Auf den Trümmern der »Deutschland-Fernsehen G.m.b.H.«, mit der Adenauer gescheitert war, hoffte er, es aufbauen zu können. Die Ministerpräsidenten der Länder unter dem damaligen »Schwabenfürsten« Kurt Georg Kiesinger waren sich einig darüber, ein zweites Fernsehen erstehen zu lassen, aber wie und wo? Nach Klärung der schwierigsten Fragen, z. B. der Finanzierung, begann der Streit um den Standort.
Mainz schien zu provinziell, verkehrstechnisch schlecht gelegen und zu klein.
Wie schön, daß es 1961 noch möglich war, daß der hessische Ministerpräsident, Georg August Zinn, entgegen den Wünschen seiner Partei und dem Widerspruch zu seinen sachlichen Vorstellungen für Mainz plädierte. Bei der Abstimmung siegte Mainz

mit sechs zu fünf Stimmen. Eine Berliner Zeitung prägte damals abwertend den Ausdruck: »Mainzelmännchen«. »Der Spiegel« machte mit einem nicht gerade liebevollen Beitrag diesen Titel der Mainzer Anstalt populär. Auch Spiegel können blind sein!
Der Vorsitzende des Verwaltungsrates des ZDF Peter Altmeier und sein Stellvertreter Jockel Fuchs, später Oberbürgermeister von Mainz und selbst Vorsitzender des Verwaltungsrates, General der Prinzengarde, und beinahe populärster Kommunalpolitiker, wohl ein Vetter des Reinecke Fuchs, suchten einen Ziehvater für ihr Kind.
Sie fanden ihn: Professor Dr. Karl Holzamer, Ordinarius für Philosophie der Johannes-Gutenberg-Universität wurde der erste Intendant des ZDF.
Der ihm befreundete Domkapellmeister, Professor Paul Köllner, machte ihm Mut: »Jetzt bist Du vom Thron aufs Dippche umgestiegen«.
Das »Dippche« des Intendanten ist einer der begehrtesten Throne geworden. Die Mainzelmännchen haben Weltberühmtheit erworben.
1984 ist das ZDF von vielen Notquartieren in seine eigene Gemarkungen in Mainz-Lerchenberg eingezogen.

ZDF und ARD senden abwechselnd die Mainzer Fastnachtssitzung, die Mainz und seine Büttenredner vom Bayrischen Wald bis Ostfriesland, in Österreich, der Schweiz und der DDR bekannt gemacht hat.

Als ich zwischen Bern und Zürich bei einer Autopanne über eine Notrufsäule die »Kantonspolizei« um Hilfe bat und mein Autokennzeichen angeben mußte, tönte es sofort fröhlich zurück:
»Ah, Mainz wie es singt und lacht«!
Dabei war mir gar nicht so zu Mute!
Die echte Mainzer Fastnacht ist auch durch das Fernsehen nicht totzukriegen.
Präsidenten, Minister und Stars haben mir früher mit Bommelmütze in einer Turnhalle besser gefallen, als jetzt im Smoking und goldverbrämter Kapp' eines Fastnachtsvereines im kostbar geschmückten Mainzer Schloß.
Zur Zeit trifft man an Fastnacht in Mombach, Gonsenheim oder Weisenau jede Menge alter Freunde, aber in der Fernsehsitzung sind kaum noch Mainzer, dafür lächelnde Prominenz und prestigedurstige Auswärtige zu sehen.
In fast allen Sitzungen ist das Mainzer Volk zu erkennen. Von der ironischen Betrachtung der Tagespolitik, dem Persiflieren der Showgeschäft-Prominenz, den Meenzer Babbeleien, der dazugehörenden Schwermut mit heile, heile Gäns'je oder dem Gedenken an die Berliner Mauer, dem begeisterten Mitsingen der Lieder vom fast textlosen Humba, humba, bis zum Leberwürstchen, vom Fußball bis zu den alten Römern, vom verpanschten Wein bis zur französischen Küche und vom Finanzamt bis zum Tod sind die Mainzer Experten.

Eine Besonderheit der Mainzer Fastnacht sind die Garden in historischen Uniformen. Der ordensüberladene Marschall, die Rekruten, die Marketenderinnen oder die Kommandeuse, sie sind alle von Januar bis Fastnacht dem Alltag entrückt und erleben ihren Höhepunkt beim Rosenmontagszug.
Was wäre der Mainzer Rosenmontagszug, hätte er nur die Motivwagen und die eitel überladenen Komiteeschiffe aber keine Prinzen-, Ranzen-, Klepper- oder Prinzessinnengarde?
Die Kapellen dieser Garden geben in dieser Zeit den Ton an. Am Aschermittwoch herrscht Stille. Flaschenscherben liegen auf den Straßen, Konfettireste verzieren die Heiligen vor den Kirchen, Luftschlangen vergammeln auf Telefondrähten.
Der Alltag hat die Määnzer wieder!

Manchmal kann man Mainz auch ganz anders hören. Nicht nur das Gebabbel seiner Menschen oder die Töne der Hofsänger, sondern auch seine Glokken. Dank der vielen Kirchen des Erzbistums klingen an Sonn- und Feiertagen in allen Vororten, auf allen Plätzen und Straßen unzählige Glocken als Verkünder, Erinnerer und Mahner.
Wenn ich in meiner Praxis sitze, ruft es herüber, fast aus gleicher Höhe mit sonorem Ton von der Johanniskirche und beinahe wie vom Himmel vom Westturm des Mainzer Domes, mit der Marienglocke,, oder gar mit allen vier Colmarschen Glocken.

Lange habe ich mich über die Vielfalt und Variationen des Geläutes gewundert: das fast freudige Mittagsläuten, das vielstimmige, fordernde Geläut am Samstagabend oder an Feiertagen (wie am Oster-Sonntag, wenn die Glocken aus Rom heimkehren), der jubelnde, alles beherrrschende Klang in der vollendeten Abgestimmtheit aller Glocken.

Onkel Bayer hat es mir erklärt. Er war das Faktotum des Domes, der zuverlässige Versorger aller Etagen-Koksheizungen der Domhäuser und der gute Geist in allen Notlagen meiner Familie. Als alter Sanitätsdienstgrad aus dem Ersten Weltkrieg brachte er mir eine gewisse Kollegialität entgegen. Er zeigte und erklärte mir den Dom, wie es vielleicht nicht einmal Dr. Jung, der so fundierte und mainzerische Direktor des von ihm zu einer Kostbarkeit gestalteten Dommuseums, erlebt hat.

Eines Tages nahm uns Onkel Bayer mit auf den Turm. Mit meinen Mainzer Töchtern, wir hatten jeder eine auf dem Arm, und meiner Vilzbächer Frau kletterten wir tapfer hinauf.

Ganz oben bei den Glocken haben wir den wunderschönen Blick auf Mainz fast vergessen und uns von den Glocken verzaubern lassen. Da war die große Martinsglocke – 71 Zentner schwer – (20 Zentner hatte Napoleon mit preußischen Kanonen beigesteuert) auf dem oberen Rand der Gießer Josephus Zechbauer genannt, darunter ein Ornamentenmuster und Dankesinschriften an Napoleon und auf dem Mantel eine Cherub S. Martino Sacra.

Die Stundenglocke, die Marienglocke, ebenfalls mit der Inschrift »Josephus Zechbauer goß mich in Mainz«, einem ähnlichen Ornamentenmuster und darunter ein Bildnis der Maria, wie sie von einem Engel gen Himmel getragen wird.

Die Josephsglocke mit ähnlichen Inschriften und Ornamenten und die kleinste, die Bonifaziusglocke mit lateinischer Inschrift zwischen zwei gekreuzten Salbeiblättern, dem heiligen Bonifatius geweiht und 1809 gegossen.

Onkel Bayer erklärte mir auch die Läuteordnung, die Bischof Colmar im Jahre 1809 erlassen hat, sowie das Wunder – endlich sah ich wieder ein Wunder in Mainz – wie die Glocken dank kluger Gutachter die beiden Weltkriege ohne Einschmelzung überstanden haben.

Seither war ich nie wieder auf dem Turm und möchte es auch nicht, ohne Onkel Bayer. Er war ein Stück Mainz, ein Stück Dom und ein Stück Glaube. Oft haben wir darüber gesprochen, daß er einmal nach Lourdes pilgern wolle und eines Tages war es soweit. Eine Woche war er in Lourdes, kam gesund und glücklich zurück, hat die Heizung versorgt, den Wagen gewaschen, mit den Kindern gespielt und ist nach zwei Tagen friedlich gestorben.

1962 feierte Mainz die 2000-Jahr-Feier seines Bestehens:
Im Theater Symphoniekonzerte unter Karl Maria Zwissler und eine Inszenierung des Dr. Ludwig Berger, Konzerte in der Christuskirche und der Johanniskirche, Vorträge über Geschichte und kulturelle Entwicklung im Kurfürstlichen Schloß, in der Volkshochschule und der Universität, mit der sonst kaum der Öffentlichkeit bekannten Elite der Bewahrer der Mainzer Kultur: Darapsky, Oppenheim, Brück, Schramm, Falck, Jacobi und andere.
Die Fastnacht war in diesem Jahr besonders großartig und aktiv. Ein Prinzenpaar wurde gekürt.
Wer sich bei aller Festesfreude bei einem Bummel durch die Straßen umsah, konnte auch in diesem Jubeljahr die noch immer vorhandenen Trümmerfelder nicht übersehen.

Für meine Familie wurde dieses Festjahr sehr schwer. Bei der Vorbereitung einer Fastnachtsfeier stürzte meine kleine achtjährige Tochter und starb an einer Hirnblutung. Nun lernten wir den Friedhof kennen. Unser Grab liegt unter einem alten schattengebenden Baum, gegenüber der Universität, fast neben dem Denkmal der Gefallenen des Ersten Weltkrieges.
Der Mainzer Hauptfriedhof ist ein Park. Breite, gepflegte Wege, viele wunderbare alte Bäume und überall Blumen. Schön, das schlichte Feld der Solda-

ten des Zweiten Weltkrieges, die einfachen Gräber der Nonnen und viele alte Familiengräber. Warum aber die Professoren der neuen Universität auch nach ihrem Tod isoliert bleiben müssen, habe ich nie verstanden.
Viele Erinnerungen an die Bombennächte, Gräber für ganze Hausgemeinschaften und Schulklassen, ein französischer Kinderfriedhof, Grabstätten preußischer und österreichischer Offiziere, erinnern auch hier an die wechselhafte Geschichte der Stadt. In diesem Frühjahr des zweitausendjährigen Mainz habe ich nichts mehr von all diesem Trubel erlebt, sondern dieses kleine Stückchen Erde auf dem Friedhof gepflegt.
Wir hatten nun beide Wunden – Mainz und ich.

Wenn man heute auf die Zweitausendjahrfeier der Stadt zurückschaut, war wohl nicht der Hauptfestakt mit Bundespräsident, Ministerpräsident und vielen Ehrengästen, sondern die Eröffnung des Altertumsmuseums mit Gemäldegalerie, des Naturhistorischen Museums, vor allem des Gutenbergmuseums wichtig und sinnvoll für eine zweitausendjährige Stadt.
Alois Ruppel, noch im Alter Inhaber des Gutenberglehrstuhles, wurde Ehrenbürger.
Als ich danach vor seinem Bett stand, weil sein Herz nicht mehr so ganz wollte, schaute er mich etwas griesgrämig an: »Der Altmeier, ein Regionalpolitiker,

der Strassmann, ein Atomspalter, und der Strecker ein Kaufmann und nun der Gottron, der Zuckmayer und ich. Höhere Diäten für meinen Lehrstuhl wären besser.«

Vielleicht wäre er später mit Hermann Volk, Marc Chagall, Anna Seghers und Karl Holzamer zufriedener gewesen.

Mainz hatte mit seinen jetzt zweitausend Jahren erst den rechten Schwung bekommen. Natürlich fiel bei den nun stürmischen Nachholaktivitäten auch manches Wertvolle, ja Unersetzliche der Spitzhacke zum Opfer.

Beim Lösch, an dem schönen runden Tisch, habe ich Oberbürgermeister Franz Stein erzählt, wie leid es vielen alten und neuen Bürgern der Stadt tut, daß Kostbarkeiten zerstört worden sind, ohne daß wir Mainzer die Notwendigkeit einsehen könnten.

»Sie haben doch eine große Praxis!«, dabei klopfte er mir auf die Schulter, »haben Sie noch nie Fehler gemacht?«

»Aber natürlich habe ich Fehler gemacht, Herr Oberbürgermeister.« »Hätten sie nur drei Patienten täglich, käme das sicher seltener vor.«

Die Fehler des Franz Stein sind bei der unglaublichen Vielfalt dessen, was er während seiner Amtszeit geschaffen hat, meiner Ansicht nach bescheiden. Damals wurde das Wort: »die Steinzeit« geprägt. Obwohl es ursprünglich böse gedacht war, ist es heute bezeichnend für eine Epoche, die sicher eine der

wichtigsten in der gesamten Geschichte der Stadt Mainz darstellt. Seine Partei hat Franz Stein nicht wieder für den Posten des Oberbürgermeisters nominiert.
Allmählich waren nicht nur viele Baulücken geschlossen, sondern Mainz dehnte sich auch aus. Ein Autobahnring um Mainz gaukelt jedem Fremden eine riesige Stadt vor. In Laubenheim, Finthen, Mombach, Gonsenheim, überall entstanden neue Wohnsiedlungen. Dort, wo die alten Römer ihre Werkstätten hatten, wo einst die Raubritter auf Kaufleute lauerten, und wo Goethe saß, um die Beschießung von Mainz zu betrachten, bekam ich einen Bauplatz.

Meine Wurzeln grub ich nun endgültig tief in den Mainzer Boden. Von unserem Haus aus laufen wir oft durch den Volkspark, mit seinem Kinderbähnchen, den Planschanlagen, der Rollschuhbahn, dem Minigolfplatz und vielen Spielfeldern für Fußball, Korbball, Federball usw. über eine kleine, fast chinesisch geschwungene Brücke in den Stadtpark.
Auch hier übertrifft Mainz viele Orte mit Kuranlagen, dank des erhaltenen Baumbestandes, dem Rosengarten und vor allem wegen des unübertrefflichen Blickes auf die Stadt mit Dom, Türmen, Brücken, dem hier ja so majestätischen Rhein, den Hügeln der anderen Seite mit dem Kirchlein von Hochheim – die dort so instinktlos hingestellten Hochhäuser muß man übersehen – und der Mainspitze.

Die Römer konnten kein schöneres Fleckchen Erde finden, um sich in Gallien niederzulassen. Drusus war klug genug, hier sein Hauptquartier aufzuschlagen.
Florenz, Paris, Dresden und Danzig sind weltberühmt geworden wegen ihrer Schönheit, aber die Lage von Mainz ist nicht zu übertreffen.
Den Zusammenfluß zweier Flüsse gibt es oft. Wenn ich an der Mainspitze sitze, spüre ich das Glücksgefühl des Main, wenn er in den Rhein mündet.Das fröhliche Zwiegespräch mit dem Anklopfen an beiden Ufern, wenn sie gemeinsam, Rhein und Main, zwischen Kastel und Mainz von Frankfurt und Straßburg erzählen, vom Fichtelgebirge und dem St. Gotthardt plauschen und schon bald nicht mehr wissen, wessen Wellen die Loreley besingen wird, das ist ein Teil der Einmaligkeit des goldenen Mainz.
Wandert man vom Stadtpark weiter hinunter zum Fluß, marschiert über die Eisenbahnbrücke und schaut zurück nach Rheinhessen, schlendert bei Kostheim über die Mainbrücke mit einem Blick auf die kleine Schiffswerft, macht eine Pause bei der Mutter Engel mit einem herben Halben und Handkäs, schaut nun von der sonnenbestrahlten Kasteler Promenade aus hinüber nach Mainz, dann glaubt man, wenn man auf der Theodor-Heuss-Brücke angekommen ist, einen schönen Spaziergang beendet zu haben.
Bleibt man aber mitten auf dieser Brücke stehen, offenbart sich ein Rundblick: rechtsrheinisch der

schöne spitze Turm der Kirche von Kastel, linksrheinisch das Panorama von Mainz, die Christuskirche, das alte Zeughaus, das Kurfürstliche Schloß, und trotz Hilton und Rathaus natürlich der Dom. Auf der linken Seite lockt der sanfte Anstieg zur Favorite, rechts teilt die Petersaue den Rhein und als Hintergrund erkennt man die gesegneten Hügel des Rheingaus. Es ist ein schönes Gefühl des Glücks, sagen zu können: hier bist zu Hause.

Nach langen Kämpfen zwischen der Stadtverwaltung und den Bewohnern der Altstadt, zwischen den Planern und dem Altertumsverein, begann der Bau der Altstadttangente und gleichzeitig die forcierte Sanierung der Altstadt.
Da ich zwei- bis dreimal täglich von Weisenau in die Altstadt fahre, aber fast so häufig auch zu Fuß dort bin und mich über jedes neuerstandene oder restaurierte Haus freue, bin ich mit dem Kompromiß zufrieden.
Das Domhaus, Ecke Höfchen/Schöfferstraße hätte ich mir in dem Sandstein der alten Häuser auf beiden Seiten gewünscht, aber der Verzicht auf den ursprünglich geplanten zweiten Stock – dadurch ist von der Ludwigstraße der Blick auf den Dom völlig frei – hat mich versöhnt.
Der einst von Neckermann erstellte Bau an der anderen Ecke des Höfchens – für manche wurde dadurch der Dom »die groß' Kerch gecheniwer vom Necker-

mann« – hat mir nie gefallen, ist aber inzwischen akzeptiert.

Zum Leben in einer Gemeinschaft ist Toleranz unentbehrlich. Mainz und die Mainzer sind tolerant!

Nun ist das einst älteste Haus von Mainz, das Haus zum Stein, wiedererstanden, der wiederaufgebaute Leiniger Hof zeigt die Pracht alter Patrizierhäuser und

die Markthäuser zum Boderam, zum Fuchs, zum großen und kleinen Flaming und zum Kaiserberg betten den Markt zwischen Dom und ihren Fassaden in liebevolle Historie ein.
An Markttagen erfüllt diesen Platz quirlendes Leben. Die bunten Schirme der mit Obst und Gemüse, Eiern und Blumen lockenden Stände und die fröhlichen Bauern und Marktfrauen der Vororte, aus Rheinhessen und dem Rheingau, zaubern ein Bild, das man malen, immer wieder malen möchte. Zieht man dann noch die Sprache »Madammche, noch e paar Quetsche« mit ein, dann bricht es raus: Hier bin ich Meenzer, hier möcht' ich bleiben.

Jetzt ist es schön, durch die Stadt zu gehen: Viele wiederaufgebaute Häuser, unzählige Portale des Domes, der Ignazkirche, das Rokokoportal des Priesterseminars, Erker am Leichhof, in der Grebenstraße, am Ballplatz, Treppen in der Weißliliengasse oder vom Willingisplatz zur Stefanskirche, Brücken über Straßen, die richtungsweisende grüne Brücke, Denkmäler und Skulpturen. Auch viele neugepflanzte Bäume habe ich wachsen sehen.
Die Fußgängerzone mit ihrem reizvollen, aber oft so rutschigen Pflaster, Stühle und Bänke, Cafés und Lokale auf der Straße, Blumenbeete und Kübel und viele, ja unzählige Reliefbilder im Kirschgarten oder der Kapuzinerstraße, dazwischen noch immer Baulücken oder barackenähnliche Nachkriegsbauten als

Ansporn zum Weitermachen, die gepflegte Rheinpromenade, die Anlegeplätze der weißen Schiffe, die Kirchen, die Türme, das Schloß, der Dom – all das ist das heutige Mainz.
So, wie die Stadt sich genießerisch ausbreitet, mit ihrer Schönheit lockt, so pulsiert in ihren Straßen und Plätzen, in ihren Adern das belebende Blut ihrer nun so veränderten Bevölkerung.

Alte Mainzer, die so viel von früher erzählen, die Jungen, die ich schon als Kinder gekannt habe, die hiergebliebenen ehemaligen Studenten und Flüchtlinge, die man nur noch an der Sprache erkennt, dunkelhäutige Besatzungskinder mit perfektem meenzerisch, später »Noigespuckte«, die schon gerne dazugehören möchten, Italiener, Türken, Jugoslaven, die hierbleiben wollen, sie alle sind Mainzer.
Eine neue Stadt mit der Tradition der zweitausendjährigen Geschichte, ein neues Volk mit den lebensbejahenden Eigenschaften der alten Geschlechter und Handwerker, eine unerwartete Blüte nach der völligen Vernichtung von 1945.
»Ici Mayence« kann heute nicht mehr traurig machen, denn auch aus dieser Besatzungszeit stammt ein Tropfen des Mainzer Blutes.
Die polnischen Namen der schlesischen Städte schmerzen nicht mehr so wie damals. Lebt doch in den Mauern von Breslau, Liegnitz oder Danzig, der

alte Sinn der Freiheit fort, der sich offensichtlich auf die heutige Bevölkerung übertragen hat. Mein altes Görlitz existiert, halb deutsch, halb polnisch, ganz anders, als die Heimat meiner Kindertage. Mein neues Mainz lebt, so wie es in unseren gemeinsamen Jahren gewachsen ist.

Das ist Heimat!

Die Erinnerung an eine Landschaft, eine Stadt, ein Volk, mit dem man glücklich aufgewachsen ist und das Leben an einem Fluß, in Straßen und Gassen, mit Menschen, mit denen man wiederaufgebaut hat.

Mainz und ich, wir haben eine lange gemeinsame Wegstrecke hinter uns.

Manches ist falsch gelaufen.

Die Stadt wartet noch immer auf ihre rechtsrheinischen Vororte. Ich konnte mir meine Träume von einer Wohnung in der Altstadt nicht erfüllen.

Beide können wir uns Fehler und Unterlassungssünden vorwerfen, aber ein bißchen stolz sind wir dennoch.

Wir haben in diesen gemeinsamen Jahren viele Wunder erlebt und vieles geschaffen.

Nun sind wir beide nach den Zeiten der Trümmer und der zerschlissenen Schuhe erheblich älter geworden und haben noch so viel vor uns, Mainz und ich.